30才からのお手本ヘア

Contents

人気サロンに、今の30代にぴったりな、おしゃれな髪形を提案してもらいました。たくさんある中から、あなたの理想の髪形を見つけて！

PART 1 徹底追求！
30代の理想ヘアとは？ ……… 2
- これが等身大！ 今どき30代の好感ヘア ……… 4
- マンネリヘアから脱出したい！ 髪形チェンジのテクニック ……… 26

PART 2 似合う髪形が見つかる
ヘアチェンジオーダー帳 ……… 38
- 30代にイチ押しのスタイル　パーフェクトレイヤー ……… 40
- 手入れがラクなのがうれしい　ボブ＆ショート ……… 72
- ■30代に大人気の街で見つけた「リアル30's ヘア」
  - 自由が丘編 ……… 48　　白金編 ……… 60
  - 青山編 ……… 70　　横浜編 ……… 82
  - 二子玉川編 ……… 94

PART 3 プロに教わる
簡単スタイリング・テクニック ……… 96

……… 98
すい人の ……… 112
ヘア ……… 124
SAL ……… 126

Staff
装丁・本文レイアウト／為田洵
撮影 (50音順)／上原浩作、草野裕、櫻井昭和、鈴木敏弘、古谷利幸
ヘア＆メイク／宮村浩気 (afloat)、秋月里美、宇田めぐみ (ともにLucé)
取材／小田由比子、つるたゆか、やしまmyみ、竹中愛美、佐藤真冬
校正／井上裕子
制作／主婦の友インフォス情報社 (新井文乃)
編集担当／遠藤清寿 (主婦の友社)

徹底追求！
ヘアとは？

30代は、それぞれ「自分の顔」
ができあがってくるとき。
そんな30代だからこそ似合う髪形を
人気美容室といっしょに考えてみました！

PART 1
30代の理想

理想ヘアの条件

5才若く見られる
*
ちょっとだけ流行をとり入れる
*
まわりから浮かない
*
女らしい雰囲気を大切にする

まわりの人から「きれいな奥さん」「すてきなママ」と言ってもらえるように、職場の同僚や後輩から「センスのいい人」と言ってもらえるように、上の4つの条件を満たすヘアスタイルを提案します。

人気も実力も兼ね備えた美容室がデザインした、大人の女性の理想ヘア。マネしたいポイントがいっぱい。

の好感ヘア

ナチュラル・ボブ

PART ① 今どき30代の好感ヘア

浅井ルミ子さん

人生の中でいちばん忙しい年代、それが30代。でも、女性としていちばんキレイな年代をキレイに生きられないのは損だと思いませんか？ そんな30代の女性に提案したいのは、手をかけているようで手間いらずのナチュラル・ボブ。これならスタイリングも簡単だし、曲線や立体感で女性らしさを残せば、30代ならではの、確立された女性にふさわしい髪形が実現します。

● HOW TO

ボブベースにし、グラデーションカットでトップにレイヤーを。一度乾かしたあと、バランスを見ながら毛量調節し、丸さと毛先の動きを印象づけて。トップにボリュームが出るように、また、全体にやわらかい動きが出るようにボディパーマを。ブラウン系のカラーで全体を染めてトーンアップ。
　スタイリングは、内巻きにブローしたあと、スプレーをかけ、サイドだけ持ち上げるようにハンドブロー。

サロン／HAIR DIMENSION 青山店 PART2

これが等身大！
今どき30代

甘さと辛さを感じさせる
大人の女性のためのボブ

シンプル・ボブ

井上佳子さん

30代になると、ヘアで個性をアピールしすぎるとくどくなる場合が。むしろ、表情が映えるシンプルなスタイルがおすすめです。たとえば、パーマはボリュームを出すためのアシストとして利用するくらいの感覚で。とはいえ、けっして保守的になる必要はありません。シンプル＝ビューティフルの精神でいく、シンプル＝保守的ではなく、いろんなスタイルに挑戦してみては。

PART 1 今どき30代の好感ヘア

● HOW TO

ボブベース。レイヤーは、ラウンド状、ボトムラインが少し内側に入るように入れて。また、毛束の中間部分に少しつながりのない毛束をつくり、凹凸感を出します。必要に応じてストレートパーマを部分的にかけると効果的。イエローブラウンで全体染めに。

スタイリングは、根元と毛先がフラットになるように指先で毛先をはさみ、引っぱりながら上からドライヤーをかけて。ヘアクリームをつけて完成です。

顔立ちをシャープに、
髪をきれいに見せるボブ

マッシュ風ボブ

BEFORE

小島文江さん

10代から20代の女性の間でブレイクしているマッシュ風ボブ。シルエットをマッシュルームのように丸くしたボブをベースにアレンジを加えたスタイルで、どんな顔形でもかわいく見せてくれると評判です。30代の女性がこのスタイルをするなら、あえてパーマはかけないで、女性の清潔感を強調します。毛先を削って軽さを出せば、大人のキュートが手に入ります。

●HOW TO

丸顔、面長、逆三角形、卵形の顔形に似合い、クセ毛以外は比較的どんな髪質にもマッチするヘアです。

前上がりのマッシュボブベースにグラデーションをプラス。前髪からサイドにつながる髪をスライドカットで毛量調節して毛束感を出します。カラーリングで細めのメッシュを入れてトーンアップし、オレンジのマニキュアを全体に入れます。

サロン／BEAUTRIUM表参道店

毛先の重さをマイナスした
ネオ・マッシュルーム

華やかカール

BEFORE

小原香奈さん

30代からも根強い支持を受けている、華やかで女らしい品のよさの巻き髪。大人の女性ならではの品のよさを引き出すポイントは、厚みを残したヘアとゆるやかなカール。髪に動きをつけたい場合も、レイヤーは表面にごく薄く入れる程度に抑えて落ち着いた印象を大切に。流行のニュアンスは、自己が確立している30代なら、このくらいさりげなくとり入れるだけで十分です。

● **HOW TO**

肩下にレイヤーを。厚みがなくなるとカールがきつく出すぎるので、レイヤーはごく薄く入れるのがポイントです。前髪はつくらず、サイドを口元からレイヤーでつなげて。パーマは、毛束を多めにとり、極太ロッドで毛先を1回転、内巻き、外巻き、ランダムに巻きます。カラーリングは、赤みの少し入った落ち着いたブラウンで筋状に入れて。

PART 1 今どき30代の好感ヘア

サロン／Allons

肩にあたって遊ぶ
やわらかいカールが女らしい

三日月カール

BEFORE
大久保裕見子さん

コンサバヘアだっていつまでも同じじゃありません。ハーフよりも控えめな三日月形のカールがテクニックの進歩で可能になりました。顔まわりにできるクルンとしたカールが、30代の女性がもつ華やかさと健康的な大人の色香を引き出します。このスタイルのポイントはナチュラルさ。カーラーをはずしたあと、手ぐしでラフにととのえられるカットとパーマが必須条件です。

● HOW TO

顔まわりは多め、後ろは毛先のみレイヤーを入れたロングスタイル。根元から毛先まで大きくうねるように、太めのロッドで根元からボディパーマをかけて。こうすると、ナチュラルからゴージャスまでアレンジが可能になります。ナチュラルブラウンで全体染めに。

スタイリングは、一度カーラーで巻いてから手でくずすだけです。

PART 1 今どき30代の好感ヘア

サロン／eNFLeURAGe

アレンジを楽しめる
コンサバの進化形

ハーフカール

BEFORE

鈴木好子さん

毛先が揺れて空気感いっぱい

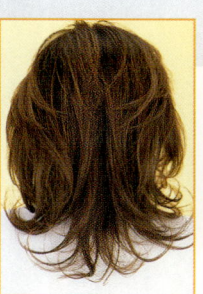

●HOW TO

ほどよいルーズ感が新しい、エレガントなスタイルです。ベースは、前上がりのボブベース。顔まわりに沿うように軽くシャギーを入れ、上のほうから毛先に向かって先細りになるようにすきます。パーマは毛束を多めにとり、極太ロッドで毛先を内巻きに1回転。1段目にイエロー系、2段目にブラウン系、というふうに明るさの違う色を交互に使ってカラーリング。毛流れを見せるように筋状に入れます。

PART **1** 今どき30代の好感ヘア

サロン／courrèges salon beauté 銀座コア店

ランダム・カール

●**HOW TO**
ロングの重さを感じさせない、軽やかなスタイルです。ベースは前上がりでカットし、あご下からレイヤーを。スライドカットで毛量を調節し、根元にボリュームを出します。パーマは、ウエーブが均一な動きにならないように、大きめのロッドでランダムに根元まで巻いて。ダークブラウンのヘアマニキュアで全体を染め、ナチュラルな明るい髪色に。

重なり合うランダムな毛束がGOOD

新恵みどりさん

ゆるやかウエーブ

松尾奈美さん

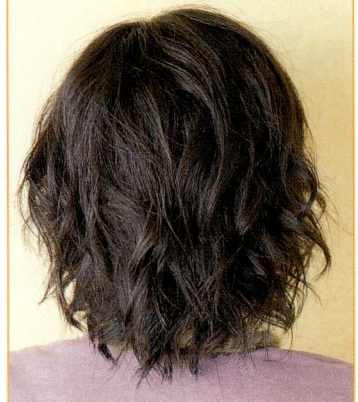

30代の女性は、髪に"動き"と"清潔感"を与えることを大切に。それは、年齢とともに失われがちになる部分だからこそ、補う努力が必要なのです。そのためにはウエーブや、すっきりとした肩上レングスというのも効果的。また、髪の老化も少しずつ自覚症状が出てくるころ。シャンプー剤などのヘアケアにもこだわり、つやや弾力をキープするといった髪への思いやりも忘れずに。

●HOW TO

ラインと表面を重めに残したボブベース。耳の高さのラインを軽くカットし、前髪はサイドにつながるように軽くシャギーを入れ、ドライカット。パーマは、太めのロッドをコイル状に、毛先を逃がしてダウンぎみに縦巻きに。

スタイリングは、半乾きの状態でワックスをもみ込んでそのまま自然乾燥。さらに、ワックスを手のひらにのばし、髪全体にもみ込みながらつけ、軽くにぎるようにして仕上げます。

PART 1 今どき30代の好感ヘア

サロン／ZACC un

ウエーブのミックス感が
毛先に動きのリズムを刻む

ロングウエーブ

PART 1 今どき30代の好感ヘア

ストンとしたシルエットは、肌の弱点が見えやすい、ということも。おすすめなのは、ウエーブをうまく利用する方法。顔まわりに動きをつければカムフラージュの効果だけでなくあか抜け感もプラスされます。それには、大きくやわらかなウエーブがぴったり。あとは、"女らしさと清潔感"を常に意識していれば、憧れのロングウエーブがきれいにキマります。

森 深子さん

● HOW TO

丸いラインになるようにベースをつくり、顔まわりからレイヤーをほどよく入れて。さらに全体にスライドカットを加え、動きを出します。パーマは、ボリューム感と毛先の動きが出るように、内巻きと中間巻きをミックス。全体に、大きくうねるようなウエーブをつくるのがコツです。

スタイリングは、ハーフドライの状態でドライワックスを薄く塗って。よくもみ込んで大きなうねりをつくり、自然乾燥すればOK。

サロン／BEAUTRIUM表参道店

大きくうねるパーマで
女らしさを強調

毛先ウエーブ

宮川直子さん

年齢に関係なく、自分自身に何か主張するものがあれば、シンプルなヘアスタイルでも十分素敵。顔の欠点を隠す必要もありません。人間的な味が自然に出てくるので、特別にこったヘアスタイルをする必要性もなくなるからです。このスタイルも、シンプルなワンレングスをベースに、毛先にだけやわらかいウエーブをつけたもの。髪に動きが加わって、爽やかで明るい印象に。

PART **1** 今どき30代の好感ヘア

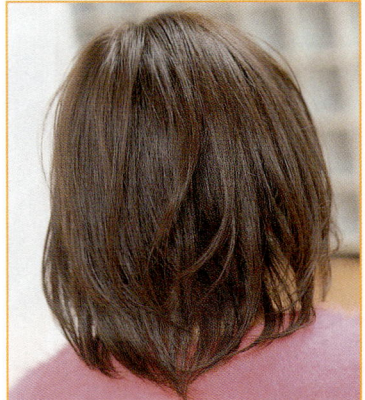

● **HOW TO**
肩下3㎝の前上がりのワンレングスがベース。表面に軽くレイヤーを入れ、ドライ後に毛先が軽くなりすぎない程度にスライドカットをプラス。パーマは、太めのロッドで毛先を1回転半、平巻きに巻く。ナチュラルブラウンで全体を染めてトーンアップ。
　スタイリングは、全体を内巻きにブローしてから、ドライワックスを少しずつ手にとり、髪を何束かに分けてもみ込むようにつけます。

サロン／LIPPS

クセ毛風ウエーブ

樋口明子さん

女性は、美しさを意識すれば絶対キレイになります。30代だからこんな髪形、と決めつけないで、自分にどんな髪形が似合うのかを考えることが大切です。たとえば、きれいなシルエット、肌の色を考えたカラー、雰囲気のあるパーマ…。クセ毛のような動きをつけたパーマは、髪を軽やかに、表情を明るく見せてくれます。バランスのいいカットが施されているからこそ表現できるスタイルです。

PART 1　今どき30代の好感ヘア

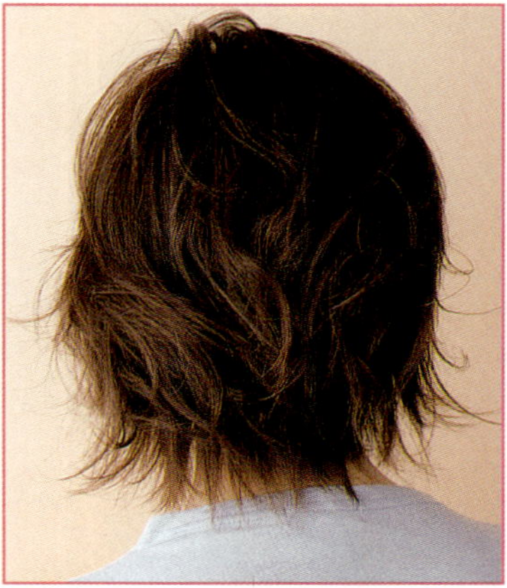

● HOW TO

このウエーブは、カットのバランスがいちばん重要です。首すじから少し前上がりにラインをとり、ランダムにスライドとレザーカットをプラス。長短をつけて毛先に無造作にニュアンスを出していきます。パーマは、円錐ロッドとピンパーマをまぜて。仕上げに、イエローブラウンでウィービングして。

スタイリングは、ざっと乾かしたあと、ヘアクリームとワックスをまぜて全体にもみ込むだけ。

サロン／neutral

ナチュラルさと
軽やかさが魅力

ランダム・ウエーブ

二又 純さん

無理に10代や20代のヘアトレンドをマネする必要はありません。30代の大人の女性なら、流行のニュアンスをさりげなくとり入れるだけで、あか抜けた印象になるんです。ストレート感覚を生かしながらランダムにスパイラルパーマをかけたこのヘアも、無造作な感じがとってもおしゃれ。ランクアップした髪へのこだわりを感じさせるために、ヘアケアにこだわるのもおすすめです。

PART 1 今どき30代の好感ヘア

●HOW TO

全体をレザーでカットし、重めのレイヤーをプラス。あとはドライカットで量感を減らしていきます。パーマは、ところどころを間引きするように、太めのロッドでスパイラルに巻いてかけて。カラーリングはアッシュ系で全体染めに。このヘアは、髪の健康状態が悪いと品なく見えるので気をつけて。

スタイリングは、髪がぬれているときワックスを薄く全体につけて、手でもみながら自然乾燥。

サロン／YOKe

出したい！のテクニック

もっと似合うヘアスタイルに変えるポイントを紹介します。

BEFORE

永見裕香さん

悩み1

髪が重たく老けて見える

ここが問題！
- 毛先が重く、鎖骨あたりに毛がたまっている
- 顔まわりに動きがない。前髪も長すぎる
- 髪の色が明るすぎて傷んで見え、やぼったい

PART **1** 髪形チェンジのテクニック

1
顔まわりの軽さは、仕上がりをイメージしながらカットできるドライカットで。前髪はセニングシザーで毛量を調節しながらそぐ。

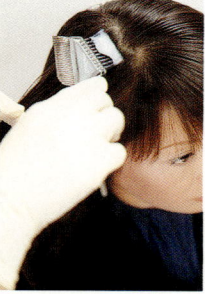

2
以前に入れたカラーが退色し、黄ばんできている。つややかな髪に見せるには全体を染め直すのがベター。アッシュ系ブラウンで。

●HOW TO
前髪をセニングシザーでそいで、軽さに加えて奥行き感を出して。顔まわりは、乾かしてからカットする"ドライカット"で軽さを調節。毛先にはごくゆるいパーマをかけて動きを出します。

明るめのカラーが退色しているので、アッシュ系ブラウンに染め直してつややか＆自然な明るさに。

サロン／LIPPS

マンネリヘアから脱
髪形チェンジ

顔まわりがふわっとして
イキイキ元気顔に

悩み 2

超直毛ですぐにペタンとなる

ここが問題！

- 髪の重さで、かなりボリュームダウンしている
- 髪の根元に立ち上がりがない
- 髪の色がワントーンで、暗い顔立ちに見える

BEFORE
斉藤弘子さん

PART 1 髪形チェンジのテクニック

1 顔まわりを中心に、あごラインより下にレイヤーを入れるとサイドに立ち上がりをつけやすい。

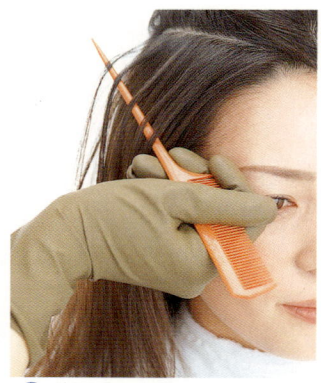

2 縫うように毛束をとる、ウィービングという手法でハイライトを。立体感が強調される。

●HOW TO

ワンレンストレートのままで動きを出すのはかなり困難です。顔まわりを中心にレイヤーを入れ、髪がたまって重くなりやすい耳の後ろやえり足は、根元からそいでボリュームを調節。また、スタイリングで髪の根元に立ち上がりを出すと、自然と毛先は動いてきます。

サロン／BEAUTRIUM表参道店

重さを削ってしなやかヘアに

悩み 3

フェミニンヘアにしたのに なぜかあか抜けない

ここが問題！
- 段差がなくなって動きがない
- 毛先を中心に傷みが目立つ
- 髪の色が地毛のまま。重たく見える

BEFORE

伊藤こずえさん

1. 毛先にのみ太めのロッドを1回転半ほど巻いてつくる内巻きパーマをかける。

2. トリートメントで髪を保護したあと、アッシュとマットをまぜたカラーで、上品な明るさに。

● **HOW TO**
女性らしい髪形が希望なので、ローレイヤーをベースにして品をよくし、毛先にパーマをかけました。華やかなスタイルなので、くすみのあるカラーで落ち着きを出して。

PART **1** 髪形チェンジのテクニック

サロン／OASIS南青山店

悩み 4

寂しげに見られがち。華やかさを出したい

ここが問題!
- 頭に髪がはりついている感じ
- 髪に遊びがなく、顔が大きく見える
- 毛先のダメージが目立つ

PART 1 髪形チェンジのテクニック

BEFORE

樋内優子さん

1. 前髪の分け目を直線でとると、パッキリ分かれてしまう。分け目をギザギザにとって、自然に。

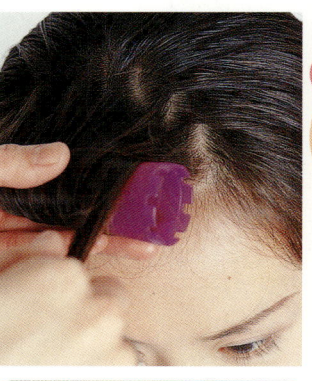

2. 4種類の円錐ロッドを使用。巻く向きを交互にすると、毛束の重なりによってボリュームアップ。

●HOW TO
毛先のダメージをとり、内側を削るように毛量を調節。内側を間引くようにランダムにカットすることでカールもたつきません。パーマは円錐ロッドを使用し、根元から巻いてボリュームを出して。毛先は逃がして巻いて自然なウエーブに。

サロン／ACQUA原宿

悩み 5

軽くしすぎて毛先がスカスカに

ここが問題！
- そぎすぎて、毛先がスカスカ
- 髪がストレートすぎて寂しい印象
- 前髪とサイドのつながりが悪い

PART **1** 髪形チェンジのテクニック

BEFORE
結城良子さん

1. 毛先をカットし、すきすぎていた部分をとり除く。前髪は長めにし、サイドにつなげる。

2. 毛先1回転半ほどボディパーマをかける。顔まわりとトップのみ根元まで巻き、動きをつける。

●HOW TO
重さとまとまり感をもたせつつ毛先をカットし、毛先にやわらかい動きを。毛量調節は、動きとふぞろい感をつけながら、ストロークカットで。トップをふわっとさせると、フェミニンさがアップします。

サロン／HAIR DIMENSION 青山店 PART3

悩み 6

パサついた茶髪がギャルっぽく見える

ここが問題！
- 毛先がパサついている
- 髪の表面が平坦
- 首まわりが重苦しい

BEFORE
島津しおりさん

●HOW TO

空気感のあるウエーブにすることで透明感を表現。逆に、カラーリングは明るさを抑えぎみに入れて。毛先はトリートメントをまぜてパサつきをセーブ。曲線に入れたレイヤーと、毛先を逃がしぎみにかけたスパイラルパーマが空気感の秘密です。

ウエーブで大人のキュートヘアに

PART 1 髪形チェンジのテクニック

サロン／ZACC un

BEFORE

川本奈々さん

悩み 7

生えグセがあって動きが出せない

ここが問題！
- 前髪が重く、顔まわりに動きがない
- すそをいつも内巻きにブローしてしまう

● **HOW TO**
重さと軽さのバランスの悪さを、ローレイヤーとストロークカットで改善。パーマは、わざと巻くところと巻かないところをつくります。カラーは、マット系を、髪が傷みにくく、伸びてきたときに色の段差が出にくいスライシングという手法で。

クセを計算したうねりに

サロン／YOKE

似合う髪形が見つかる

オーダー帳

ヘアサロンに行くといつも、
考えていたのと違うスタイルになってしまう……。
今度こそ、そんな失敗をしないように、
この章を読んでみて。

PART 2
ヘアチェンジ

オーダーを失敗しないために

■オーダーシートを利用する
このパートで紹介する髪形には似合う顔形が一目でわかるよう、ぴったりなものに色を入れた表をつけました。オーダーシートと合わせて参考にしてください。

■この本を持ってヘアサロンへ
なりたい髪形に近づくベストな方法は、この本をヘアサロンで見せることです。言葉だけではなかなか伝わらないニュアンスも、写真を見せれば一目瞭然です。

思い通りの髪形にならない原因のひとつに、なりたい髪形のイメージが美容師さんに伝わっていないことが。もうひとつは、同じサロンに通い続けていること。気持ちをよくわかってくれているのならよいのですが、イメージを変えたいときには、逆に足かせになることも。

●この表の見方

| 丸顔 | 卵形 | 下ぶくれ | ベース形 | 逆三角 | 面長 |

各ページのマークのうち、ピンク色のついたものが、似合う顔形をあらわしています。髪形を選ぶときの参考にしてください。

スタイル
レイヤー

大人の女性らしさを出したいなら、レイヤーを入れた軽やかなヘアスタイルがおすすめ！ 顔がぐっと華やかになり、5才は確実に若く見えます。

PART 2 パーフェクトレイヤー

ロング・レイヤー

女らしさを表現できるレングス。カリスマ美容師たちもロング・レイヤーに注目しています。

飯村麻美子さん

ORDER
前上がりのレイヤースタイル。すそ10cmにレイヤーを入れ、毛先をとがった感じになるようにそいで。前髪は目元からサイドへ斜めにつなげて。パーマは、極太ロッドで内巻きに1回転。仕上げに、アッシュ系ブラウンで全体染めに。

ADVICE
ベース形以外は◎。かたい髪の人はハイライトを数カ所入れて毛流れを見せるとよい。

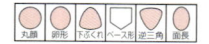

丸顔 卵形 下ぶくれ ベース形 逆三角 面長

サロン／Allons

30代にイチ押しの
パーフェクト

思わずふれたくなる繊細な毛先が魅力

ロング・レイヤー

厚めの前髪&サラツヤなストレートで

PART 2 パーフェクトレイヤー

鈴木暁子さん

ORDER
前上がりのワンレングスベースに、ドライカットでシャープな毛先の動きを出して。基本的にパーマは必要ないが、クセ毛の人はストレートパーマをプラスして。ブラウンのカラーで全体を染めて明るさをトーンアップすれば、グンと軽やかな印象に。

ADVICE
顔形は特に選ばない。強いクセ毛以外は、すべての髪質に対応できる。

丸顔 卵形 下ぶくれ ベース形 逆三角 面長

サロン／LIPPS　42

ロング・レイヤー

ふくらみを抑えたシンプルフォルムで

ORDER
サイドがあご下の長さの前上がりレイヤー。レイヤーはサイドとなじませながら、すそ20cmに多めに入れて。毛先はとがった感じにドライカット。ボリュームの出やすい髪質の人はストレートパーマを。赤みの出ない、イエローベースのブラウンを全体に。

ADVICE
面長の人は避けたほうがよい。髪質は選ばない。

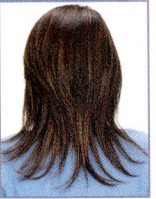

藤田優奈さん

丸顔　卵形　下ぶくれ　ベース形　逆三角　面長

43　サロン／Suite.DR

ロング・レイヤー

無造作感と清楚さが理想的にミックス

PART 2 パーフェクトレイヤー

井村麻里子さん

ORDER
サイドがあご丈の前上がりレイヤーがベース。レイヤーはすそ10cmぐらいに少なめに入れ、毛先を先細りにして束感を出して。パーマは根元と毛先を残して、太めのロッドでスパイラルに巻いてかける。かたい髪質の人、地毛が真っ黒な人は赤みの出ない明るめのブラウンを全体にオン。

ADVICE
面長の人は避けたほうがよい。

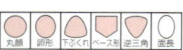

| 丸顔 | 卵形 | 下ぶくれ | ベース型 | 逆三角 | 面長 |

サロン／ARTIS SALON BLUE　44

ロング・レイヤー

顔まわりをタイトにしたセンターパート

ORDER
長さは肩下30cmくらいがベスト。アウトラインにローレイヤーを、毛先を薄くしすぎないように入れる。センターパートにし、サイドはあごのラインでカット。太めのロッドで毛先を巻き込まない中間巻きにし、ボディパーマをかけて。マット系の枯れ葉色で全体染めに。

ADVICE
卵形の人に特におすすめ。髪質はふつうからやわらかめに合う。

北尾留美子さん

丸顔 卵形 下ぶくれ ベース型 逆三角 面長

顔まわりを軽くして フレッシュに

ロング・レイヤー

PART 2 パーフェクトレイヤー

湯浅后子さん

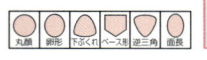

ORDER
アウトラインが丸い、前上がりレイヤー。前髪はほおまでの長さにし、前髪からつなげて後ろ下がりのレイヤーを軽く入れる。すそ10cmくらいをスカスカにならない程度にすいてレイヤーとなじませ、赤みを抑えた明るめのブラウンを全体にオン。

ADVICE
コシがなく、さらに量も少ない髪にはむずかしい。

| 丸顔 | 卵形 | 下ぶくれ | ベース形 | 逆三角 | 面長 |

サロン／ALEXANDRE ZOUARI表参道店

ロング・レイヤー

ストレート感ある、ゆるいパーマがポイント

ORDER
サイドが肩下のボブベース。レイヤーは口元から後ろ下がりに薄く入れて。パーマは、毛束をねじりながら、極太ロッドで毛先を残して巻いて。前髪は目にかからない程度の長さにし、薄くおろす。赤みの出ないイエローブラウンで全体染めにし、毛先に向かって明るくなるように調節して。

ADVICE
すべての顔形・髪質にOK。

池田雅子さん

丸顔 卵形 下ぶくれ ベース形 逆三角 面長

サロン／gokan OMOTESANDO

ル30'sヘア」

Jiyugaoka 自由が丘 編

さりげなくセンスのよさが光る街、自由が丘では、透明感を出したストレートタッチのヘアが人気です。シンプルな中に自分らしさを表現するテクをマネして！

BEFORE

清岡康枝さん　29才

ORDER SHEET

レイヤーはあご下に軽く入れる。たくさん入れると品がなくなるので控えめに。毛先とフェイスラインに、ゆるく弱いパーマを。前髪は目にかかる長さで、サイドからレイヤーにつなげてなじませる。カラーリングは赤みを抑えた明るめの栗色を全体にオン。それよりちょっと明るめの色をハイライトで数本、細くランダムに入れる。

Point 細くランダムに入れたハイライトが繊細さをプラス

サロン／kakimoto arms自由が丘クレオ店

本当に支持されている髪形ってどんなの？
30代に大人気の
街で見つけた「リア

**好感度バツグン！
脱コンサバロング**

表面にさっと入れたレイヤーに、ごくゆるいボディパーマをプラス。肩ひじ張らない脱カストレート。

ミディアム・レイヤー

ほどよく女らしさをアピールできる、女性にも男性にも好感をもたれるミディアムレングス。

Medium Layered

PART **2** パーフェクトレイヤー

小野美佳さん

ORDER
肩下10cmのボブベース。レイヤーを口元から後ろ下がりに入れる。レイヤーは、表面の髪に流れと動きを出す程度なので、薄く軽く入れて。前髪は長めにし、サイドのレイヤーへつなげる。カラーは、あたたかみのあるオレンジブラウンを全体に。顔まわりの髪は、塗布量や時間を調節して明るく仕上げて。

ADVICE
すべての顔形・髪質に○。

丸顔 卵形 下ぶくれ ベース型 逆三角 面長

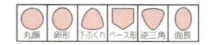

サロン／Suite.DR

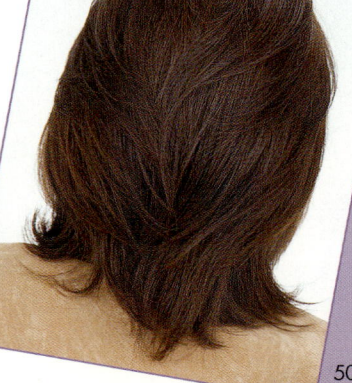

定番のレングスを
知的にランクアップ

Medium Layered

ミディアム・レイヤー

PART 2 パーフェクトレイヤー

山口由紀子さん

ORDER
アウトラインは、眉上の前髪から、サイド、肩下10cmのバックへと斜めにつなげて。レイヤーを毛先5cmくらいの低い位置に入れ、首まわりに髪がたまらないよう内側をすく。顔まわりには軽くシャギーを入れて。カラーは、地毛より少し明るい程度の栗色を筋状に入れて。

ADVICE
顔形は、ベース形以外の人におすすめ。髪質は選ばない。

丸顔　卵形　下ぶくれ　ベース形　逆三角　面長

サロン／JEAN-CLAUDE BIGUINE表参道店

短めの前髪と
Cカールで軽快に

ミディアム・レイヤー

伸ばしかけの髪を
ニュアンスヘアに

PART 2 パーフェクトレイヤー

近藤広恵さん

ORDER
前上がりのレイヤースタイル。すそ10cmの表面にレイヤーを入れ、毛先は先細りにそいで。毛束を厚めにとり、太いロッドで毛先から耳ぐらいまで巻き、根元は残してゆるいパーマを。スタイリングは、半乾きのときにヘアクリームを全体になじませ、その後、ワックスを多めに毛先にもみ込んで。

ADVICE
すべての顔形・髪質に○。

| 丸顔 | 卵形 | 下ぶくれ | ベース形 | 逆三角 | 面長 |

サロン／Allons

ミディアム・レイヤー

元気なハーフカールで表情豊かに

ORDER
前上がりのレイヤースタイル。レイヤーをすそ15cmに入れ、毛先が先細りになるようにすいて。前髪は目元の長さでサイドのレイヤーにつなげて。クセのない人は、ボディパーマでボリュームを出し、すそにハーフカールを。赤みの出ない明るめのブラウンで全体染めに。

ADVICE
すべての顔形・髪質に○。かたい髪の人もやわらかい印象になれるスタイル。

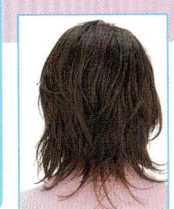

田中香苗子さん

サロン／ARTIS SALON BLUE

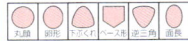

軽やかエレガントスタイルの完成形

ミディアム・レイヤー

PART 2 パーフェクトレイヤー

岡 聡子さん

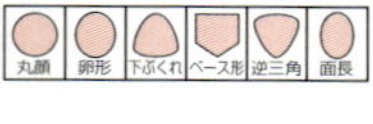

ORDER
長めのボブベースに、前髪はつくらず、レイヤーで後ろにつなげて。バックの肩にかかる部分はすいて軽さを出し、レイヤーで毛先に動きを出して。パーマはかけなくてOK。上品な落ち着きが出るよう、ダークブラウンで全体染めに。

ADVICE
多めの髪を軽く見せるスタイルなので、髪の少ない人には不向き。強いクセ毛の人もNG。

サロン／六本木美容室 SHIROGANE

ミディアム・レイヤー

根元を
立ち上げて
顔立ちもすっきり

ORDER
前上がりのローレイヤースタイル。前髪は口元の長さで。レイヤーをあごからバックへ下がる感じで軽く入れ、内巻きになるように耳下から内側の髪をすいて。カラーは、イエロー系ブラウンを筋状に入れ、毛先に向かって明るくなるようにして。

ADVICE
えらの目立つ顔形の人はNG。面長な人はボリュームを出す位置を高めに。

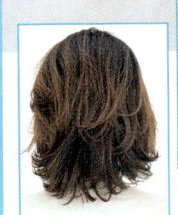

伊藤 舞さん

サロン／courrèges salon beauté銀座コア店

ミディアム・レイヤー

PART 2 パーフェクトレイヤー

技ありの3色
カラーリングで

武田美和子さん

ORDER
前上がりのハイレイヤースタイル。レイヤーは前髪につなげて、ほおの位置から表面だけ軽く入れる。はちの部分から頭の丸みに沿うように内側の髪をすく。毛先が先細りになるようにドライカット。顔まわりと毛先には明るいマロンブラウンを。暗めのチョコブラウンと中間のオリーブブラウンを交互に筋状に。

ADVICE
毛量の多い人は軽い印象になれる。

| 丸顔 | 卵形 | 下ぶくれ | ベース型 | 逆三角 | 面長 |

サロン／courrèges salon beauté 銀座コア店

ミディアム・レイヤー

たっぷりレイヤーの成功例!

ORDER
ワンレングスがベース。リップラインから下に多めのレイヤーを入れて、頭の丸みに沿うグラデーションをつくる。ストロークカットで毛先に動きをつけて。毛量の少ない人はボディパーマを。ライトブラウンで全体染めに。表面とフェイスラインだけ、ワントーン明るい色を筋状に、数本だけ入れる。

ADVICE
すべての顔形・髪質にOK。

鈴木りさん

59　サロン／VAN COUNCIL

ル30'sヘア」

白金の30代の基本ヘアは、ナチュラルな巻き髪。カーラーをはずしたあと、手ぐしでラフにととのえられるカットとパーマが必須条件のヘアスタイルです。

Shirokane
白金 編

BEFORE

三瓶由里子さん 28才

Point さりげなく入れた"巻き"で極上のレイヤーに

ORDER SHEET

サイドからバックにつなげるようにレイヤーを入れる。シャギーは毛先だけに。分け目ははっきりつけずジグザグに。直毛の人はゆるめのボディパーマをかけて。スタイリングは、前髪を厚めにとり、カーラーを2〜3本使って根元から巻く。トップは毛束を垂直に引っぱって巻く。カーラーをはずしたあと、手ぐしでラフにととのえる。

サロン／六本木美容室 SHIROGANE

本当に支持されている髪形ってどんなの?
30代に大人気の
街で見つけた「リア

**童顔でも、大人っぽく
エレガントになれる**

カーラーでつくる巻き髪は、華やかさが演出できる簡単で最大のテクニック。顔形をカバーする効果も。

Short Layered

ショート・レイヤー

忙しい30代女性の朝を応援する、スタイリングに時間のかからないスタイルです。

PART **2** パーフェクトレイヤー

上田直美さん

ORDER
ボブベースのすそ10cmにレイヤーを多めに入れ、毛先をすいて。前髪は目が隠れるくらいの長さでサイドのレイヤーへつなげて。パーマは中太のロッドで毛先を巻き込み、根元は残す。赤みの出ない明るめのブラウンで全体染めにし、顔まわりはワントーン明るくして。

ADVICE
丸顔以外に。髪のかたい人はカラーリングの色を明るく。

| 丸顔 | 卵形 | 下ぶくれ | ベース形 | 逆三角 | 面長 |

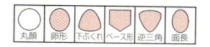

サロン／Suite.DR

しっかり巻いたランダムウエーブで

Short Layered

ショート・レイヤー

PART 2 パーフェクトレイヤー

古屋智子さん

ORDER
前上がりのグラデーションボブ。髪を乾かした状態でスライドカットしながら毛量調節。フロントの重さとトップの軽さのバランスをとって。サイドは23mm、バックは23mmと15mmのロッドを使ってパーマをかけて。全体をアッシュ系で染め、上品な明るさをプラス。

ADVICE
全体を軽く内巻きにブローしたあと、ヘアアイロンでトップに動きをつける。

サロン／OASIS南青山店

厚く長い前髪がファッショナブル

ショート・レイヤー

PART 2 パーフェクトレイヤー

個性的なカラーのフェミニンショート

阿部 恵さん

丸顔／卵形／下ぶくれ／ベース形／逆三角／面長

ORDER
グラデーションを施したベースにスライドカットを入れて毛量をオフ。このスライドカットが毛先にソフトな動きを出すための重要なポイント。ボリュームが出にくい人のみボディパーマをかけて。根元から毛先全体を、ワンタッチでレッドブラウン系でカラーリング。

ADVICE
あえていうならば卵形の人にベストマッチ。髪質はふつうのタイプが理想的。

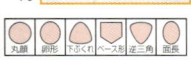

サロン／OASIS南青山店

ショート・レイヤー
丸いシルエットのスイートレイヤー

ORDER
前上がりのレイヤーベースに、セニングカットで毛量調節を。ストロークカットで髪の質感をやわらかに。パーマは極太ロッドで根元まで巻いて、丸いフォルムを。カラーは、自然に仕上がる発色のよいイエローを、髪の動きを立体的に見せるウィービングで。

ADVICE
長さやレイヤー位置は微妙に異なるが、ほぼすべての顔形・髪質にマッチする。

石原 香さん

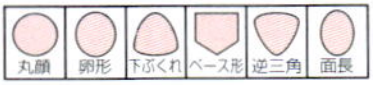

| 丸顔 | 面形 | 下ぶくれ | ベース型 | 逆三角 | 面長 |

サロン／ACQUA原宿

ショート・レイヤー

毛束感のあるヘアで表情イキイキ

PART **2** パーフェクトレイヤー

遠藤聖子さん

丸顔　卵形　下ぶくれ　ベース形　逆三角　面長

ORDER
レイヤーは口元からバックへ下がるように入れて。前髪はノーズラインで厚めにとり、レイヤーにつなげて。内側の髪をすいて毛量調節。毛先はスライドカットで束感を出し、ゆるいCカールパーマを。赤みを抑えたマット系ブラウンを筋状に入れ、立体感を。

ADVICE
すべての顔形に◯。かたい髪の人は、くすんだオレンジ系のカラーリングをする。

サロン／kakimoto arms自由が丘クレオ店

ショート・レイヤー

前髪と質感で知的な女性を演出

ORDER
ベースは前上がりのボブ。バックからフロントに向かい、レイヤーが少なくなるようにカットして。前髪は鼻の位置に設定。全体の毛先をそぎ、サイドはかき上げると流れるように、えり足はまとまりよくなじむように。カラーは赤みを消すマット系ブラウンで。

ADVICE
丸顔でこの髪型にしたいなら長めにカットして。ふつうの髪質から多い髪向き。

保田桃子さん

サロン／PEEK-A-BOO HARAJUKU

ル30'sヘア」

Aoyama
青山編

流行に敏感なおしゃれ上級者が集まる街、青山。そしてヘアサロンのゴールデンエリア、青山。若々しくてフェミニンなボブベースに人気が集まっています。

BEFORE

伊藤佳代子さん　29才

Point
首にフィットする、すその処理が若さをアピール

ORDER SHEET

えり足から前上がり、耳後ろから前下がりにカットしたグラデーションボブをベースに、すそ中心にレイヤーとシャギーでニュアンスを加えたラインをつくる。基本的にはノンパーマ。髪質によってはごくゆるいボディパーマをかけても。全体をイエローブラウンでカラーリングしてトーンアップし、軽さを演出して。

サロン／HAIR DIMENSION 青山店 PART2

本当に支持されている髪形ってどんなの?
30代に大人気の
街で見つけた「リア

タイトな毛先が特徴の　コンパクト・ボブ

すそは先細り、顔を包み込むような丸いシルエットのボブ。このスタイルは、小顔効果もバツグン。

がうれしい ショート

上級カットテクでつくるナチュラル感がポイントのスタイル。洗いっぱなしや手ぐしで決まるラクさもうれしい。

ニューボブ・スタイル

どんな顔形、髪質にも似合う、優秀スタイル・ボブ。重さを残し、毛先に軽さや遊び感をプラスしたスタイルが30代におすすめ。

PART 2 ボブ&ショート

小沼幸恵さん

ORDER
前髪につなげて、トップとサイド、バックにレイヤーを入れ、セニングで毛量調節。スライドカットで束感を出して。パーマはロッドを使わず、根元にだけツイストでかけて髪にランダムな動きを出して。カッパー（銅）色で、全体を地毛よりやや明るめに。

ADVICE
顔形は丸顔、逆三角形に◎。やわらかで細い髪向きだが、多い髪もカットで調節可能。

丸顔 卵形 下ぶくれ ベース型 逆三角 面長

サロン／PHASE

72

手入れがラクなの
ボブ＆シ

ツイストパーマでニュアンスをつけて

New Bob Style

ニューボブ・スタイル

PART 2 ボブ&ショート

岩重弘美さん

ORDER
あごラインのボブベースの毛先から中間をスライドカット。前髪は鼻の位置でカットしてサイドにつなげて。トップは根元のみ、すそは毛先のみのピンパーマをかけて、中間部分にうねりを加える。マットブラウンのカラーで、毛先がいちばん明るくなるように染めて。

ADVICE
スタイリングは、スクラッチドライしたあと少量のワックスを毛先にもみ込むだけ。

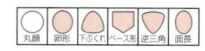

| 丸顔 | 卵形 | 下ぶくれ | ベース形 | 逆三角 | 面長 |

サロン／PEEK-A-BOO HARAJUKU

中間部分をうねらせた
ネオ・コンサバヘア

New Bob Style

ニューボブ・スタイル

PART 2 ボブ&ショート

内藤恵理美さん

ORDER
あごラインの長さの前上がりボブがベース。グラデーションカットとレイヤーを組み合わせてシルエットに丸みをつけ、動きを出して。髪の少ない人はボディパーマで空気感を出す。ボブのシャープな印象を生かすために、全体にアッシュ系のカラーを入れて。

ADVICE
基本の長さはあごラインだが、レングスを調整すればどんな顔形にも似合う。

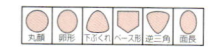

| 丸顔 | 卵形 | 下ぶくれ | ベース形 | 逆三角 | 面長 |

サロン／55JET

センターパートの辛口ボブで知的に

束感のある重めヘアが女らしい

ニューボブ・スタイル

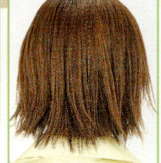

PART 2 ボブ&ショート

永松麻衣子さん

丸顔 卵形 下ぶくれ ベース形 逆三角 面長

ORDER
サイドがあご丈の前上がりボブ。表面の髪は長いまま残し、内側の髪を耳下ぐらいからそいで毛量調節。スライドカットで束感を出して。前髪ははさみを縦に入れてなじませる。明るめのイエローブラウンを全体に。赤みを出さないほうが上品で若々しく見える。

ADVICE
面長の人は避けて。うねるような強いクセ毛にはストレートパーマを。

サロン／gokan OMOTESANDO

ニューボブ・スタイル

顔立ちを引き締めるクール・ボブ

ORDER
レイヤーは口元から下に少なめに。前髪はほおのラインから、斜めにサイドのレイヤーにつなげて。ボブのシルエットをくずさないように、首元がもたつかないように毛先をすいて。カラーは、ブルーベースのブラウンを筋状に入れてハイライト効果を出し、上からくすんだブラウンで全体染めにして自然な立体感を。

ADVICE
毛量の多い人におすすめ。

丹治優子さん

79　サロン／VAN COUNCIL

ニューボブ・スタイル

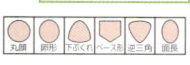

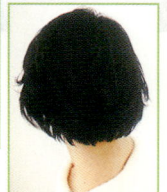

PART 2 ボブ&ショート

誰からも
好かれる
雰囲気に

内昌なほこさん

丸顔　細形　下ぶくれ　ベース形　逆三角　面長

ORDER
あご上のボブベース。毛先だけにレイヤーを入れて。前髪は目にかかるくらいの長さにとって、斜めに流して。ストレートの人は、ボディパーマをかけたほうがベター。ふわっとした空気感と明るさを出すために、全体にイエローベースのヘアマニキュアを。

ADVICE
オールマイティーなスタイルだが、クセが強い人にはちょっとむずかしい。

サロン／六本木美容室 SHIROGANE

ニューボブ・スタイル

清潔感のある
毛流れで
好感度アップ

ORDER
レイヤーはあご下に少なめに。すそを内側からすいて、毛量調節をしながら自然な内巻きにして。前髪は口元の長さで、サイドのレイヤーにつなげる。カラーは、地毛とあまり差の出ない、イエロー系のダークブラウンを筋状に数本入れて。
ADVICE
丸顔の人は顔まわりを立ち上げるようにして。かたい髪質の人は毛先にゆるいパーマを。

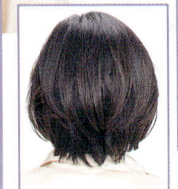

札木美穂さん

丸顔　卵形　下ぶくれ　ベース型　逆三角　面長

81　サロン／JEAN-CLAUDE BIGUINE

ル30'sヘア」

Yokohama 横浜 編

流行の発信地としておしゃれ度の高い横浜で、活動的な30代に人気なのがロング・レイヤー。華やかさの中にきりっとした印象が残る、こびないスタイルが魅力です。

Point サラッと流れるなめらかなJ字カーブが決め手

BEFORE

内田順子さん　30才

ORDER SHEET

サイドが鎖骨ぐらいの前上がりのアウトラインに。あご位置からバックに向かってラウンドレイヤーを入れる。レイヤーの量はサイドは多めに、バックはすそに少なめに。極太ロッドで毛先を1回転巻くパーマをかける。カラーリングは、赤みを抑えた栗色で全体染めに。表面だけにワントーン明るい色で、ハイライトを数本入れる。

サロン／VAN COUNCIL

本当に支持されている髪形ってどんなの？
30代に大人気の
街で見つけた「リア

**軽快な毛流れで
アクティブな表情に**

サイドは軽くすっきり仕上げてバックは重さと落ち着きを残す、このバランスが大人の魅力を引き出す。

ショート・スタイル

おばさんにならないショートを手に入れたら、おしゃれ度、上品さは長い髪より数段上です。

Short Style

PART 2 ボブ＆ショート

中山由佳さん

ORDER
前上がりのグラデーションボブ。前髪は眉下の長さにし、前髪からつなげて後ろ下がりにレイヤーを入れて。毛先に重みを残すよう、口元からゆるいグラデーションに。ピンパーマは方向性をつけず、ランダムに巻く。カラーリングは、アッシュ系を全体に。

ADVICE
すべての顔形に。クセが強い人、毛量の多い人はやわらかい感じが出にくいので×。

丸顔 卵形 下ぶくれ ベース形 逆三角 面長

サロン／ALEXANDRE ZOUARI 表参道店

ピンパーマでつくる
やわらかい毛流れ

Short Style

ショート・スタイル

PART 2 ボブ&ショート

今西麻衣さん

ORDER
口元の長さのグラデーションボブをスライドカットで毛量調節。内側をポイントに毛量をオフ。パーマは、耳上部分の中間に、毛先を逃がして巻くボディスパイラルパーマをかけて。レッドブラウンのカラーで全体を染めて、やわらかさと明るさを出して。

ADVICE
逆三角形、卵形の人に特におすすめ。髪質は、やわらかく細く、少なめがベスト。

| 丸顔 | 卵形 | 下ぶくれ | ベース形 | 逆三角 | 面長 |

サロン／ZACC un

ゆるめのパーマで
ほどよくアクティブに

グラデーションショートで華やか顔に

ショート・スタイル

PART 2 ボブ&ショート

木村真弓さん

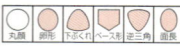

ORDER
サイドが口元の長さの前上がりボブベース。小鼻の位置からグラデーションを入れ、丸みを出して。前髪は鼻先ぐらいの長さにし、サイドになじませて。全体にゆるいボディパーマを。自然な栗色で全体を染め、赤みの出ないイエローブラウンでハイライトを数本入れて。

ADVICE
丸顔の人は避けたほうがよい。細い髪、コシのない髪には最適。

サロン／ALEXANDRE ZOUARI表参道店

エアリー感いっぱいのフレンチボブ

ショート・スタイル

ORDER
耳下に丸みがくるグラデーションボブがベース。ドライカットで、サイドとバックの毛先を先細りに。内側をすきすぎてスカスカにしないように注意して。ネコっ毛、クセのない髪は根元を立たせるボディパーマを。やや明るめのブラウンで全体を染めてトーンアップ。

ADVICE
かたい髪の人は、こころもち明るい色を表面に筋状に入れて。

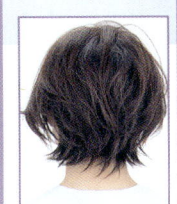

小見裕子さん

丸顔　頬元　下ぶくれ　ベース型　逆三角　面長

サロン／ARTIS SALON BLUE

PART 2 ショート・スタイル ボブ&ショート

手入れがラクでアレンジもきく優秀ヘア

中川泰子さん

丸顔 卵形 下ぶくれ ベース形 逆三角 面長

ORDER
サイドは耳が隠れる長さに。頭の丸みに沿わせて全体をグラデーションカット。えり足の髪を耳下からのぞくくらいに残すと顔立ちがシャープに。前髪は先細りにすいて。つやのあるゴールド系の色で全体を染め、毛先に向かって明るくなるようにグラデーションに染めて。

ADVICE
すべての顔形に◯。ネコっ毛の人はボディパーマを。

サロン／kakimoto arms 自由が丘クレオ店

ショート・スタイル

顔立ちを美しく見せる、洗練ヘア

ORDER
サイドがリップラインの前下がりボブがベース。後頭部とサイドにボリュームがある、ひし形のシルエットになるようにグラデーションをつけて。前髪は短めにそろえて。ヘルメット頭にならないようにハイライトは必須。表面の髪にオレンジ系と赤系の2色を数本入れて。

ADVICE
丸顔の人はボリュームを出す位置を高めに。コシのない髪はボディパーマを。

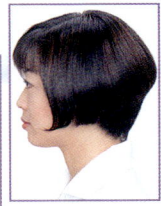

濱名祐子さん

| 丸顔 | 卵形 | 下ぶくれ | ベース形 | 逆三角 | 面長 |

91　サロン／JEAN-CLAUDE BIGUINE

丸みのあるコンサバショートの成功例

ショート・スタイル

PART 2 ボブ&ショート

藤井洋子さん

丸顔 卵形 下ぶくれ ベース型 逆三角 面長

ORDER
ベースはグラデーションボブ。はちの部分にボリュームを残して丸みをつけ、すそのラインをはっきりさせないよう毛先をすいて。前髪は目が隠れる長さに。1段目はイエローブラウン、2段目はレッドブラウンというように、2色を交互に筋状に染めて動きを見せて。

ADVICE
面長の人はボリュームを抑えて。ネコっ毛の人ははちの部分にボディパーマを。

サロン／gokan OMOTESANDO

ショート・スタイル

毛流れを印象づけるミックスカラーで

ORDER
毛先が肩にふれるぐらいのボブをベースに、顔まわり中心にレイヤーを入れて。毛先にややたっぷりめにシャギーを入れ、パーマなしでもかき上げたときに流れが出やすいようにカット。マット系で全体を明るめに染めたあと、アッシュ系を重ねてトーンを抑えて。
ADVICE
丸顔、面長、ベース、ぽっちゃり顔に。やわらかい髪からかたくて多い髪まで。

岩神裕子さん

丸顔　卵形　下ぶくれ　ベース型　逆三角　面長

93　サロン／PEEK-A-BOO HARAJUKU

ル30'sヘア」

Futako Tamagawa
二子玉川 編

スポーツにショッピングに、グルメに…。二子玉川の魅力を満喫する30代に人気なのはアクティブなショート。ボブベースをとり入れたおしゃれなヘアです。

Point サイドを長めに残すのが、このスタイルのカギ

BEFORE

鈴木貴子さん 30才

ORDER SHEET

ショートボブをベースに、ニュアンス程度のボディパーマをかける。サイドは耳にかけられる長さを残しておくとショート風にもボブ風にもアレンジがきくので便利。髪のボリューム感はグラデーションカットで調節して。シックなスタイルにもカジュアルなスタイルにも相性のいい、オリーブブラウンのカラーを全体にオン。

サロン／55JET

本当に支持されている髪形ってどんなの？
30代に大人気の
街で見つけた「リア

**アレンジ自在の
おしゃれショート**

ふんわりおろした前髪で若さを強調。スタイリングは手ぐしでラフにとかし、毛先にワックスを。

プロに教わる
リング・テクニック

■アレンジスタイルの定番をつくる
アレンジスタイルをひとつマスターしておくと便利です。前髪の分け方を変える、スタイリング剤を変えるだけでも立派なアレンジ。

■毛量&髪質に合ったスタイリングを
同じスタイルを目ざしていても、髪質や毛量によって、やるべきことがかなり違います。ポイントを押さえたスタイリングをしましょう。

思い通りのカットやパーマをしてもらっても、翌日自分でスタイリングしたら全然違う髪形になってしまった……なんてことがありませんか？　これではせっかくのヘアチェンジが台なし。逆にカットをしなくても、きちんとスタイリングするだけで、髪形が変わったように見えるものです。スタイリングの基本は、髪質をカバーすることから。細くてネコっ毛の人は〝ふんわりさせる〞、かたくて毛量が多い人は〝しっとり落ち着かせる〞テクニックをマスターしてください。

PART 3
簡単スタイ

「ブローが下手で」という人も、
コツさえつかめばスタイリングなんて簡単。
ポイントは髪質に合わせてボリューム調節をすること。
ここではタイプ別にスタイリング法を
紹介しているので、ぜひ試してみて！

なりやすい人の イリング

コシのない髪の人はシルエットをふんわりさせるだけで、ぐんとあか抜けた印象に。

ミディアム・レイヤー

BEFORE

近藤恭子さん 30才
毛量が少ない典型的なネコっ毛。すぐにペシャッとなるので、ヘアミルクやワックスなどのスタイリング剤もつけられません。

PART 3 ふんわりスタイリング

プロからのアドバイス
髪の根元が地肌から立ち上がっていないのでペチャンコになってしまうんです。前髪の分け目もピシッとまっすぐにしないほうがふわっと見えますよ

Change!
髪の根元が立ち上がり
立体的なヘアに変身！

ネコっ毛・少毛でペシャンと
ふんわりスタ

POINT 髪がぬれているうちにスタイリングして

1
シャンプー後よくタオルドライしてから下を向き、髪の落ちる方向に逆らうように上向きにドライヤーの熱をあてる。

2
太めのロールブラシに頭頂部の毛束を巻きつける。ドライヤーを後ろからあて、風が根元にあたるように。くるくるドライヤーでも。

3
ふんわり感を長時間キープするために、ハードタイプのスプレーを吹きかける。ブラシをはずす前にスプレーするのがコツ。

頭頂部がふんわりしたことで、絶壁っぽい貧弱ヘアから脱出。すっきりした首まわりがあか抜け効果絶大で、横顔も美人に。

Change2
ルーズさが決め手の "エアリー・アップ"

BEFORE

PART **3** ふんわりスタイリング

POINT 巻いたあと、逆毛を立ててラフにカールをくずして

2 カーラーをはずしたら、少しずつ毛束をとって毛先から根元に向かってくしでとかし、逆毛を立てる。カールをくずすような感覚で。

1 スタイリング力のあるブローローションなどをまんべんなくつける。極太のカーラーを4～5本使い、髪全体に巻く。

4 毛先を上に向け、ダブルくし形のヘアアクセサリーで毛束の両脇からとめる。スタイルキープ力のあるスプレーを吹きかけて仕上げて。

3 髪全体を後頭部でひとつに束ね、2～3回ひねる。このとき、きちんとまとまりすぎないよう、手ぐしでラフにまとめるのがコツ。

Goods
くし形のヘアピンをビーズを通したゴムひもでつないだアクセサリー。これはヘアメイクさんのお手製だが、これに似た市販品もある。

ロング・レイヤー

BEFORE

富田知美さん　30才
コシのない髪質のうえ、少しクセがあるので、うねりが出てしまうのが悩み。耳から下の毛はかなり毛量をそぎ落としてあります。

プロからのアドバイス

ヘアスタイルを軽く見せるためか、毛先がスカスカにカットされています。富田さんのようなクセ毛の場合、このスカスカ部分をきちんとブローしないと中途半端なスタイルに

PART ③ ふんわりスタイリング

Change
耳から下の髪がまとまって、清潔感倍増

POINT　ロールブラシで引っぱるようにブロー

2 下のほうの髪をしっかりブローできるよう、上のほうの髪は一時とめておく。ブロッキングしないと上の髪ばかりが傷む原因に。

1 水に近い成分のブローローションを髪全体に吹きかける。髪の根元にもしっかり行き渡るよう、髪を持ち上げ、地肌を目がけて。

3 クセを伸ばすように引っぱりながらブローするのがポイント。ブラシに巻きつけず、すべらすようにしながら温風をあてる。

4 サイドの髪の根元にヘアスプレーをかける。髪を浮かせることで、ふんわり感を強調。ほおのラインがすっきり見え、小顔効果もねらえる。

まるで毛量がふえたよう。美容師さんが本来ねらっていた、きれいなサラサラヘアに。

Change 1

サイドの毛流れが美しい、大人のボブ

PART **3** ふんわりスタイリング

BEFORE

野元洋子さん　31才

今のボブは、元気のないまじめ顔に見えるのが不満。サイドに流してスタイリングしたつもりでも、昼過ぎにはストンとしてしまう。

プロからのアドバイス

さらさらの髪質なので、ブローでサイドに流しただけだとすぐ元に戻ってしまうのでは？　分け目の位置をあと1cm横にずらし、カーラーやスプレーを使って決めたスタイルをキープする工夫をしましょう

レイヤー・ボブ

POINT マジックカーラーで髪に動きをつける

2　巻くだけでとまるナイロン製のカーラーでトップ2つ、サイド1つずつ巻く。ふつうのカーラーだと重みで立ち上がりがだれる人向き。

1　毛束をとり、くるくるドライヤーかロールブラシを根元にあててブロー。ブラシを髪に逆らって押し上げるようにあてて根元を起こす。

3　カーラーをつけたままの状態で、キープ力のあるスプレーをかける。この状態でかけるのは、スプレーの一時的な湿気でカールがとれるのを防ぐため。

4　カーラーをはずしたら両手でサイドからバックに向かってラフにとかす。ブラシやくしを使うと、カールが伸びってしまうので注意。

前髪からサイドにかけてのつながりがさわやかさを演出。アクティブな印象のヘアが完成。

＊巻くだけでとまる"マジックカーラー"は、バラエティショップなどで手に入る。

Change2
毛先を散らして楽しむアバウトヘア

BEFORE

PART **3** ふんわりスタイリング

POINT ワックスはごく薄くつけて

2 手ぐしで髪を持ち上げ、ドライヤーの温風を根元に送り込む。このとき指でしっかりとはさみ、引っぱりながら持ち上げて。

1 ブローローションを吹きつけて髪を湿らせる。ローションはややスタイリング力があるものをチョイスして。

4 ワックスを少量指先にとり、毛先になじませて。つけすぎると重みでカールがとれてしまうので、ごく薄くのばすのがコツ。

3 くるくるドライヤーのアタッチメントをヘアアイロンにつけかえ、少しずつ毛束をとって毛先が外側にハネるようにはさむ。

Change1

ドライな
ふわふわ
ヘアで
おしゃれに

PART **3** ふんわりスタイリング

BEFORE

岡田由紀さん　33才
パーマがゆるくかかっていますが、毛質がやわらかすぎるせいか伸びきってしまいます。いつも適当にとかすだけです。

プロからの
アドバイス
いちばんいけないのは、とかしてしまっているところ。このスタイルならブラシは不要。手とドライヤーだけで仕上げるハンドブローのほうがパーマも生きてふわっとキマります

POINT くしゃくしゃにもむようにブロー

1. シャンプー直後がスタイリングにベスト。乾いてしまっていたら水スプレーで根元まで湿らせる。ムースを使うので水のほうがGOOD。

2. セット力のあるムースをピンポン球2個分手にとり、髪になじませる。毛先だけでなく、髪の根元までまんべんなく行き渡るように。

3. 髪をわしづかみにし、つかんだまま持ち上げてドライヤーの温風をあてる。前髪からトップにかけてこの要領でブローしていく。

3分で完了するスタイリングなのに、かっこよさピカイチ。乾いた質感がクール。

ショート

Change2
前髪だけタイトなコントラストヘア

BEFORE

PART **3** ふんわりスタイリング

110

POINT 額を見せるバランスに注意

1
109ページのようにふんわりとした基本のスタイリングをしたあと、前髪を7：3に分ける。目のこまかいくしでしっかりととかしつけて。

2
スタイリング力の強いワックスを前髪に塗布。くしの目の流れに沿って、ピタッと押さえつけるように。額の狭い人はなるべく額が見えるように、広い人は前髪を斜めにおろして少し隠すようにするとバランスがいい。サイドは耳にかける。

3
前髪とのコントラストをはっきりさせるように、トップの毛を両手でつかんでふんわりと持ち上げる。

て広がりやすい人のスタイリング

ミディアム・レイヤー

ボワッと広がりやすい髪を、軽やかヘアにするコツは案外簡単！

BEFORE

安藤玲子さん　30才
レイヤーがかなり入っているので、ぴょんぴょんハネる髪に毎日苦労しています。毛先に動きを出しつつ、しっとり落ち着かせたい。

プロからのアドバイス

ボリュームを抑えようとするあまり、髪がフェイスラインにはりつき重苦しい印象になっています。落ち着かせながらも顔まわりはふわっとさせたほうがいいですね

PART ③ ストンと落ち着きスタイリング

Change
まとまりのいいコンパクトヘアに

かたくて多毛・クセ毛・ゴワつい
ストンと落ち着きス

POINT ドライヤーの風の向きに注意して

2 サイドはデンマンブラシでカールさせながら温風をあてる。吹き出し口が下を向くように持ち、髪を風でなでつける感覚でブロー。

1 シャンプー後、髪がしっかりぬれているうちに片手で髪をつかみ、下に引っぱりながら温風をあてる。吹き出し口が真下を向くように。

3 人さし指をうなじにさし込み、手のひらを外側に返して外ハネになるように毛先をカール。このポーズのまま熱が冷めるまでキープ。

4 ハードワックスを髪全体にのばし、もう一度1のプロセスを繰り返す。ワックスは、特にうなじの髪の根元にしっかりなじませて。

首まわりの髪がすっきりしているのがポイント。すその毛が後頭部より広がらない。

BEFORE

川端リカさん　30才
毛量が多く、クセ毛。パーマが
とれかけているなど、広がりや
すい条件がそろっています。ブ
ローに時間がかかりすぎるのが
悩み。

**プロからの
アドバイス**

時間をかけてブロー
しているわりに、中
途半端なスタイルに
仕上がっているのが
もったいない。短時
間でも納得のいくス
タイリングができる
方法があるんです！
ぜひ覚えて

PART **3** ストンと落ち着きスタイリング

Change1
すがすがしい
スマート・ストレート

114

POINT ストレートアイロンをゆっくりずらす

1 ストレートアイロンを使うので、髪を熱から守るためにもブローローションは不可欠。髪の根元からまんべんなく吹きつけて。

2 地肌に対して厚さ1cmくらいずつ髪を引き出す。根元からはさみ、少し引っぱりながら毛先に向かってアイロンをゆっくりずらしていく。

3 ヘアクリームかヘアワックスをのばす。髪の内側にしっかりなじませ、最後に髪表面に塗布。手のひらではさみ、タイトに押さえつける。

頭皮から浮き上がらないヘアは、頭をすっきり小さく、形よく見せる。

ロング・レイヤー

Change2
くし目がキリリ。
ロー・ポニーテール

BEFORE

PART 3 ストンと落ち着きスタイリング

POINT ブラシ＆くし使いがカギ

1
前髪をセンターできれいに分け、ブラシでとかしつける。ワックスをたっぷりつけ、地肌から浮き上がらないようにするのがポイント。

2
後ろの髪にもワックスをなじませる。髪の内側にワックスが行き渡るように、髪をブロッキングして根元からのばして。

3
くしでしっかりとかしてから髪をひとつに束ねる。ゴムでしばったあと、細い革ひもを巻く。5重くらい巻きつけ、ひもの先は短くカット。

Change1

パサつきを抑えてつややかヘアに

PART 3 ストンと落ち着きスタイリング

BEFORE

武田美和子さん 30才

もともと真っ黒な髪なので、ナチュラルなダークブラウンのカラーリングをしていますが、ちっとも軽く見えません。長さのせいか、顔が丸く見えるのも×。

プロからのアドバイス

せっかくのカラーリングが生きないのは髪につやがないため。首まわりの毛量をシェイプし、トップにボリュームをもたせるとあごのラインがすっきり見えるようになります。髪のつやは毎日のお手入れでとり戻して

ミディアム・レイヤー

POINT スタイリング剤を使い分けて

2 全体にブローしたあと、後頭部の下あたりの膨張しやすい部分を押さえつける。仕上げに冷風をあてるとスタイルがキープできる。

1 髪がぬれているうちに、トリートメント効果のあるムースをつける。ピンポン球2個分を手のひらにとり、根元から毛先までつける。

3 トップの毛束はくるくるドライヤーのロールブラシに巻きつけ、ふわっとさせる。太めのアタッチメントを選び、大きなカールを。

4 スタイリング剤を髪全体になじませてつやを出す。つやの出るヘアクリームと髪を立体的に仕上げるワックスを半々でまぜるのがコツ。

まったくはさみを入れていないのに、別人のようにシャープなフォルムに。

Change2
清楚で少ない髪に見えるニューポンパ

BEFORE

PART 3 ストンと落ち着きスタイリング

120

POINT トップのボリュームを抑えて

1 前髪にスタイリング力のあるムースをなじませる。前髪の毛束をとって2回ほどねじり、前方に押し出す。ねじった部分をピンで2～3カ所とめ、ポンパドールをつくる。毛束は手ぐしでとり、ラフに仕上げて。

2 サイドの髪を手ぐしでとかし、耳の上をピンでとめる。すそはくるくるドライヤーやヘアアイロンで自然な外ハネにする。

3 2色の革ひもをポンパドールの上からサイドにかけて渡し、うなじの生えぎわで結ぶ。

Goods

手芸素材店などで買える革ひもをカチューシャがわりに使用。写真では茶色とモスグリーンを80cmずつ用意。表裏ある革のほうが扱いやすい。

ミディアム・レイヤー

BEFORE

奥井奈緒子さん　29才
かたくて毛量が多い。いつもサイドを後ろに流し、後ろのすそを内側に巻いたこのスタイルばかりです。ほかのスタイリング法が思いつかなくて。

PART 3　ストンと落ち着きスタイリング

プロからのアドバイス
特にダメではありませんが、毛質を生かしたほかのスタイリング方法もありますね。曲線のラインを出すより、ストレート感を強調したほうが、顔が明るく見えるはず

Change
髪のハリと毛量を
生かしたさわやかヘア

POINT ストレートアイロンで直線的なラインを

1. シャンプー後の髪がぬれているうちに、8：2でかなりサイドぎみの分け目をつける。髪が浮き上がらないよう、しっかりなでつけて。

2. 髪を少しずつ引き出して根元からストレートアイロンではさみ、徐々にずらす。毛先まできたら、アイロンを持つ手を外側にひねり返して、外ハネに。

3. かためのヘアクリームを手のひらにのばし、耳の後ろから後方へ指をさし込んで髪の根元になじませる。最後に表面にものばす。

レイヤーの入った部分だけ軽い外ハネに。カールさせないことがポイント。

マスターすればオーダー上手に！
ヘア用語解説

ヘアカタログやサロンでよく使われるヘア用語を集めました。一度、きちんと確認しておけば、オーダーするとき、本を読むときとっても役に立ちます。

各ブロックの呼び方

フロント
こめかみのところから頭のいちばん高いところまで。前髪とは別。

サイド
こめかみの下から、もみあげまでを含む部分。バックとの境目は、あごと耳上を結ぶ延長線上が目安。こめかみの位置や耳の位置は人それぞれなので、サイドの位置も人それぞれに。

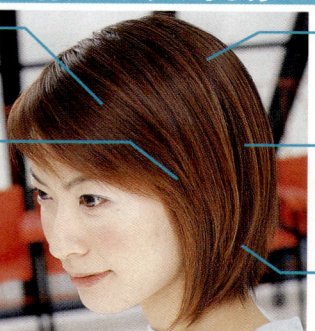

トップ
つむじがある周辺のこと。頭のいちばん高いところよりちょっと後ろの位置。

バック
長さはトップの下から耳の高さくらいまで。幅はサイドの内側まで。

えり足
耳の高さから髪の生えぎわまで。長さは人それぞれ。

カット用語

すく
髪に軽さと動きを出すため、長さは変えずに髪を間引いて毛量を減らしていく方法。

ドライカット
仕上がりがわかるよう、ブローしたあと、髪が乾いた状態でカットすること。気になる毛先の表情を見ながらのカットが可能。

シャギー
レイヤーの中に含まれるカット方法。毛先にふぞろいなギザギザの切り口を多くつくるために使う。

そぐ
毛先が細くなるように、髪を斜めに削っていくカット法。髪に自然な動きがつく。

レイヤーカット
ワンレングスやボブなどに、長さの差をつけてスタイルをつくるカット法。主に毛量の調節や毛先に動きをつけるときに用いる。ハイレイヤー、ローレイヤー、インレイヤーなどの種類がある。

セニングカット
髪の量感を減らすためのカット方法。すきばさみを使ってカットするのが特徴。このカット法を用いれば、毛量の多い人でも軽やかなスタイルが実現する。

ストロークカット
はさみの刃先を振りながら切る手法。シャギーなど、毛先にランダムな動きをつけるときに最適なカット方法。

グラデーションカット
レイヤーの中に含まれるカット方法のひとつ。髪の表面に自然でこまかな段差をつくる。主にボブスタイルなどに多く使われる。

ボブベース
スタイルのボブそのものを指す言葉ではなく、スタイルの下地としていったんボブにするということ。だから、できあがりの髪形はさまざま。

パーマ用語

ミックスパーマ
太さの違うロッドを使ったり、巻き方や方向を変えたりと、2種類以上の方法を組み合わせてかけるパーマのこと。均等にかけたパーマよりナチュラルで立体的に仕上がる。

ボディパーマ
やわらかな質感やボリュームを出したりするためのパーマ。スタイリングをラクにするためにも使われる。

ツイストパーマ
毛束をねじってパーマをかける方法。毛束が重なり合うようなボリュームのあるスタイルが完成。

スパイラルパーマ
ロッドのはしから、髪をずらしながら巻き込んでコイル状にかけるパーマのこと。仕上がりは受話器のコードのようならせん状の巻きになる。

毛先パーマ
ロッドに髪を1～2回転巻きつけて毛先だけにパーマをかける方法。自然乾燥だけでも毛先に動きが出るので、簡単なスタイリングでOK。

ピンパーマ
ロッドを使わずに、毛先をペーパーなどで包んで丸め、ピンでとめてかけるパーマのこと。クセ毛風な仕上がりになる。

カラーリング

ハイライト
ベースの髪のカラーを部分的に明るくすること。髪の動きが見えやすくなる効果があるので、部分的にハイライトを入れるだけで髪に軽さが生まれる。

ローライト
ハイライトとは逆に、ベースの髪色に暗い色を入れること。引き締めの効果もあり、髪に立体感をプラスできる。

ウィービング
メッシュやハイライトを入れるために、コームの柄を使って毛束を細かく筋状にとり、その部分だけをカラーリングすること。

アッシュカラー
アッシュ系と呼ばれる灰色系のカラーのこと。マット系（グリーン）、レッド系（赤）、イエロー系（黄色）などを組み合わせ、お互いの発色を抑えてスモーキーな色合いにする。

メッシュ
筋状にカラーリングすること。これだけでも、髪色をトーンアップすることは可能。髪の表面を立体的に見せる効果も。

サロンガイド
Salon Guide

ALEXANDRE ZOUARI
アレクサンドル・ズアリ 表参道店
☎ 03-3796-7407
東京都渋谷区神宮前4-29-3 表参道ビル2F
営 11:00～21:00、土11:00～21:00、日・祝11:00～19:00　火曜休
料 カット6,000円～、パーマ13,000円～、カラー8,000円～

ARTI⑤ SALON BLUE
アーティス サロン ブルー
☎ 03-3497-1214
東京都渋谷区神宮前1-10-18 原宿Rビル
営 12:00～21:30、土11:00～21:30、日・祝11:00～19:30　月曜、第3火曜休
料 カット6,000円～、パーマ12,000円～、カラー12,000円～

ACQUA
アクア 原宿
☎ 03-3478-0202
東京都渋谷区神宮前1-10-23 フォンテーヌ原宿ビル1F
営 14:00～23:00、日・祝11:00～19:00　月曜休
料 カット6,500円～、パーマ14,000円～、カラー14,000円～

VAN COUNCIL
ヴァン・カウンシル
☎ 045-222-5404
神奈川県横浜市西区みなとみらい2-2-1-2　ランドマークプラザ4F
営 10:00～21:00、土・日・祝10:00～20:00　無休
料 カット5,300円～、パーマ11,300円～、カラー11,300円～

eNFLeURAGe
アンフルラージュ
☎ 03-5474-2228
東京都港区六本木7-12-21 北村ビル1F
営 12:00～20:00、日12:00～19:00　火曜休
料 カット6,800円～、パーマ12,300円～、カラー12,800円～

Allons
アロン
☎ 03-5250-3637
東京都中央区銀座3-2-12 全研ビル4F
営 11:00～21:00、土11:00～20:00、日・祝10:00～19:00　月曜休
料 カット6,500円～、パーマ12,000円～、カラー12,000円～

kakimoto arms
カキモトアームズ 自由が丘クレオ店
☎ 03-3724-7790
東京都目黒区自由が丘1-7-13 クレオビル2F
営 10:00～22:00、日・祝10:00～20:00　火曜休
料 カット5,000円～、パーマ10,000円～、カラー10,000円～

OASIS
オアシス 南青山店
☎ 03-3796-3885
東京都港区南青山4-1-15 アルテカベルテプラザ201
営 11:00～20:00、金11:00～21:00、日・祝10:00～19:00　火曜、第3水曜休
料 カット6,000円～、パーマ13,000円～、カラー13,000円～

EQUIP
エクィップ 自由が丘店
☎ 03-3725-2888
東京都目黒区自由が丘1-24-8 B1
営 10:00～20:30、日・祝9:00～19:00　火曜、第3月曜休
料 カット8,000円～、パーマ14,500円～、カラー12,000円～

55JET
GO! GO! ジェット
☎ 03-3707-3236
東京都世田谷区玉川3-4-2
営 11:00～21:00、土・日・祝10:00～20:00　火曜休
料 カット4,800円～、パーマ11,000円～、カラー9,800円～

gokan OMOTESANDO
ゴカン 表参道
☎ 03-3404-0447
東京都渋谷区神宮前4-7-3 B1、1F
営 火・水12:00～21:00、木・金12:00～22:00、土・日・祝11:00～20:00　月曜、第1火曜休　料 カット6,000円～、パーマ11,500円～、カラー11,000円～

courrèges salon beauté
クレージュ サロン ボーテ 銀座コア店
☎ 03-3289-9010
東京都中央区銀座5-8-20 銀座コア5F
営 11:00～21:00　2、8月に不定休
料 カット5,500円～、パーマ8,000円～、カラー8,500円～

30代にピッタリのヘアスタイルをつくってくれるサロンを紹介。人気が高いサロンばかりなので、来店するときは必ず予約して。掲載してある営業時間は、受付時間とは異なりますのでご注意ください。
＊データは、2003年8月現在のものです。

Suite.DR
スイート ディーアール
☎ 03-3407-7779
東京都渋谷区渋谷1-24-2 朱ビル4F
営11:00～21:00、土・日・祝11:00～19:00 月曜休
料カット6,500円～、パーマ15,000円～、カラー14,000円～

JEAN・CLAUDE・BIGUINE
ジャン・クロード・ビギン
☎ 03-5467-3488
東京都渋谷区神宮前5-1-7
営10:30～21:00、土・日・祝10:30～20:00 無休
料カット5,200円～、パーマ10,200円～、カラー10,200円～

ZACC un
ザック アン
☎ 03-5772-7725
(予約専用)
東京都港区南青山5-1-2 エリービルB1
営12:00～21:00、土・日・祝10:00～19:00 火曜休
料カット6,500円～、パーマ13,000円～、カラー12,500円～

BEAUTRIUM
ビュートリアム 表参道店
☎ 03-5485-2771
東京都渋谷区南青山5-3-5 Mille Roshes 2F
営11:00～21:00、土11:00～20:00、日・祝10:30～19:00 火曜、第3水曜休
料カット7,000円～、パーマ12,000円～、カラー14,000円～

PEEK-A-BOO HARAJUKU
ピーク・ア・ブー 原宿店
☎ 03-3406-1329
東京都渋谷区神宮前6-10-8 原宿NAビル2F 営11:00～22:00、土・祝10:00～21:00 日～19:30 月曜休 (月曜が祝日の場合は10:00～19:30営業)
料カット5,500円～、パーマ11,500円～、カラー11,500円～

neutral
ニュートラル
☎ 03-3409-8811
東京都渋谷区南青山5-2-14 Gate Square2F
営13:00～22:00、土・祝11:00～20:00、日11:00～18:00 月曜休
料カット7,000円～、パーマ14,000円～、カラー14,000円～

yoke
ヨーク
☎ 03-3408-5571
東京都港区南青山3-8-37 第2宮忠ビル2F
営11:00～21:00、金13:00～22:00、日・祝10:00～19:00 火曜休
料カット6,000円～、パーマ12,500円～、カラー13,500円～

HAIR DIMENSION 青山店
ヘアーディメンション
PART2 ☎ 03-5467-3445
東京都港区南青山5-7-23 2F
PART3 ☎ 03-5468-2777
東京都港区南青山5-12-27 1F
営13:00～22:00(PART2)、12:00～23:00(PART3)、土・日・祝10:00～19:00 火曜休 料カット6,000円～、パーマ、カラー各12,500円～

PHASE
フェイズ
☎ 03-3401-2858
東京都港区南青山3-17-3
営12:00～22:00、土10:00～20:00、日・祝10:00～19:00 火曜、第1・3月曜休
料カット6,000円～、パーマ13,000円～、カラー13,000円～

六本木美容室 SHIROGANE
六本木美容室 白金店
☎ 03-3447-4167
東京都港区白金台4-19-20
営11:00～20:00 火曜休
料カット7,000円～、パーマ12,000円～、カラー12,000円～

Lucé
ルーチェ
☎ 03-3406-8855
東京都港区北青山3-14-4 イズミビル1F
営11:00～21:00 火曜・第3月曜休
料カット6,300円～、パーマ12,000円～、カラー12,000円～

LIPPS
リップス
☎ 03-5474-1274
東京都渋谷区神宮前1-19-2 MINOWAビルB1、2F
営11:00～21:00、木・金12:00～22:00、日・祝10:00～19:00 無休
料カット6,000円～、パーマ12,000円～、カラー12,000円～

Como ミニブックス
30才からのお手本ヘア
平成15年10月20日　第1刷発行

編　者	主婦の友社
発行者	村松邦彦
発行所	（株）主婦の友社
	〒101-8911　東京都千代田区神田駿河台2-9
	電話　03-5280-7537（編集）
	電話　03-5280-7551（販売）
印刷所	大日本印刷株式会社

Ⓒ Shufunotomo Co.,Ltd.2003　Printed in Japan
ISBN4-07-239540-4

もし落丁、乱丁、その他不良の品がありましたらおとりかえいたします。お買い求めの書店か、主婦の友社資材刊行課（☎03-5280-7590）へお申し出ください。

Ⓡ本書の全部または一部を無断で複写（コピー）することは、著作権法上での例外を除き禁じられています。本書からの複写を希望される場合は、日本複写権センター（☎03-3401-2382）までご連絡ください。

本書は「Comoブックス　30才からのお手本ヘア」
（2000年主婦の友社刊行）を文庫化したものです。

※本書の内容に関するお問い合わせは、主婦の友インフォス情報社 企画出版部（☎03-3295-9465）までお願いします。